Ivano Bersini

Metamorfosi
Metamorfosis
Metamorfoses
Metamorphosis
Метаморфоз

ISBN | 978-88-91188-40-3

Youcanprint Self-Publishing

In copertina: porta della Chiesa Dei Morti a Vello di
Marone – Lago d'Iseo (BS) – Italia (fotografia di Ivano
Bersini 2014)
Le traduzioni di tutte le poesie in spagnolo e portoghese
sono state realizzate da Fátima Rocío Peralta García.
Le traduzioni in inglese di tutte le poesie sono state
realizzate dal Professore Ferri Giuseppe.
Le traduzioni in russo di tutte le poesie sono state realizzate
da Yana Shchukina.

Queste nuove poesie, impreziosite dall'intervento di Giuseppe, Fatima, Yana che ringrazio di Cuore, diffonderanno i sogni, raggiungendo spero un numero maggiore possibile di persone ma anche di poeti ed artisti che ancora non sanno di esserlo ma che già ringrazio per il contributo che sapranno donare al mondo.

Niente avviene mai per caso.

Ivano Bersini

Alle anime ancora in viaggio.

Metamorfosi

Kefa

Linee del tempo
cavalcarono nella notte,
ammutolirono i pesci
sulla barca deserta.

Spento suono
fermò il fiato,
erba amara
nello sguardo.

Figlio dell'Uomo
"Quo vadis, Domine?"
l'acqua del ruscello
sussurrò dal dolore.

Roccia,
tra venti e reti
ai piedi dell'Agnello,
pescatore nel deserto.

"...Tu sei Simone, il figlio di Giovanni, ti chiamerai Cefa
(Che vuol dire Pietro)."
(Giovanni 1,42)

Fátima Rocío Peralta García

*Kefa: in aramaico significa "roccia", "pietra".
*Cefa: nel Nuovo Testamento.

Ivano Bersini

Cibo degli angeli

Io ora mi nutro
del cibo degli angeli
Pace Lucente
che torna fra noi.

Io ritrovo la Tua immagine
rianimare
il Tuo spirito.

Musica sensuale
che culla il mio presente
come giostra vetusta
scorrono emozioni ora
della mia infanzia
in nuovi sentimenti
del futuro recondito.

Casa

Tutti noi vogliamo
tornare a Dio
tutti noi abbiamo bisogno
di tornare a Dio
tutti noi
cerchiamo il Respiro Eterno
che colmi il nostro Cuore
di gioia, di Luce
la nostra Anima
cerca sempre
la strada di casa.

Bellezza occulta

Ora ammiro
la bellezza occulta del mondo
da una prospettiva sconfortante
è come se scivolato
in un pozzo profondo
anelassi come un'Anima sepolta
di tornare al Sole.

Mummie

C'è una lontana solitudine
che tormenta ora
il mio Cuore
sono tutte le diapositive
della vita trascorsa

il Sole non le attraversa più
esse non sono più nutrite
i colori sono ora mutati
in silenti mummie
dove le emozioni
sono intrappolate.

Ivano Bersini

Musicali colori

Cerco la mia guida
in questo opaco ambiente
dove sono finito
ascoltando i miei dispiaceri
Lei saprà riconoscermi
ed accompagnarmi
verso il celeste colore
del cielo
impreziosito dal Sole
allora sentirò il suono
della voce degli angeli
nobili fuorilegge
banditi dal subdolo pensiero quotidiano.

Solo così
rivedrò i fiori
affrescare la mia vista
di nuovi musicali colori.

Esemplare melodia

Sento i canti sciolti delle anime
nell'attesa di accordarsi
in un'esemplare melodia
che liberi
un incantevole
necessario fraseggio
che con sapiente grazia
istruirà
il pensiero di chi si è smarrito.

Ritorna ora la mia mente
da viaggio lontano
dove le emozioni
incantano il paesaggio circostante
Tu sei la mia guida
adesso che il palpito del Cuore
è Tuo affezionato discepolo.

Seguirò la Tua Anima
rivedrò i raggi del Sole.

Fiori

Ascolto i fiori cantare
adesso vedo la Luce
adesso l'aria è un limpido cristallo
in cui la musica
si tinge di inedite vibrazioni

i limiti sono umani
il Creato è libero
di esprimersi dinanzi a noi
perché noi ne possiamo
seguire l'esempio
facendo germogliare
all'Infinito
la nostra occulta creatività.
Le immagini nate dal nostro operato
muteranno così il mondo.

Inferi

17

Scesi agl'inferi
dove la mia Anima si ustionò
con i colori di un violento arcobaleno
là, smarrii i miei pensieri
là, fui belva feroce
senza controllo
là, piansi
ascoltando la solitudine
della mia recondita violenza.

Sole offuscato

Ci furono poi gli angeli
che mi offrirono assistenza
in una nuova necessaria nemesi
per sfuggire alla volgarità della gestualità umana
fuori controllo

ecco una lapide fumante
in un antico cimitero
dedicare memoria alle mie sventure
in un giorno di Sole offuscato
dove un velo
di spettrale ambiguità
recitava poesie mortali

in quell'istante
io ero assente
io cercavo segrete preghiere
di pace salvifica.

Demone solitario

Io forse
tornerò ad essere un demone solitario
quando il crepuscolo
sarà una immacolata
sensazione di lontana vita

così la mia Anima
sarà forse solo uno spettro vagabondo
in un innominabile girone di dantesca memoria.

Ivano Bersini

Mondo onirico

I Tuoi occhi chiamano la mia Anima
sento profumo di rose estive
illuminate dal Sole di quei lontani pomeriggi

ritorno così ora nel mondo onirico
a contemplare la sacra immagine dell'Umanità
ad ascoltare la melodia dei Suoi pensieri
a ricevere il disegno degli angeli

a depurare la mente
a rendere ancora immacolato il mio Cuore.

Inchiostro segreto

Io vivo dell'essenza dei fiori
celato nel profumo
di un lontano giorno
dove il Sole
dialogava
con la Natura segreta
mentre gli spiriti
custodivano
i ricordi dell'Umanità perduta.

Ivano Bersini

Laghi oscuri

Baciai le immagini sacre
della nostra civiltà
ormai sepolta
volsi poi lo sguardo
all'Infinito
sentii una recita
di oscure preghiere
accarezzare i miei sensi
io mi sentii un angelo tetro
vivente in un torbido flash
di immagini angoscianti
ignorate dal presente.

Ritornai poi alla vita
respirando nuovi mondi interiori.

Se

Immagini traslucide
imprimono nella mia mente
desiderio di indagare
lontane sensazioni
che nascondono
le mie innate doti
offuscate da un anagramma sensoriale.

Ivano Bersini

Codici

24

Lacrime dorate
esprimono l'armonia
della mia Anima
in riflessi
che la proiettano
nell'Infinito
dove il cielo
incorona i nostri cuori
in eterni codici di autentica virtù.

Per sempre

25

Io decifro
i colori della Natura
in concessione della Luce
il suono d'incantevoli muse
sfiorano il buio
sfiorano la tempesta
sfiorano l'annullamento
per restare immortali.

Demoni

Leggo in immagini
l'armonia delle stelle
quando le emozioni umane
parlavano alle pietre
ed al mondo invisibile
quando l'uomo
amava ancora le fate
quando la vita
era una poesia
di lucenti colori
dove la morte
testimoniava
l'eternità dell'esistenza.

Ed io tornai
a passeggiare
in un sospiro d'Infinito
dove i frammenti
della mia Anima
cercavano di riconciliarsi
in una esemplare
e necessaria guarigione.

Si assopirono poi
i demoni dell'Umanità
in segreti sentieri di pace.

Frasi musicali

27

La mia memoria
sanguina visioni
è dura sofferenza
respirare qui
dove io mi anniento

come l'eco
deforma la musicalità dei pensieri
che mutano in frasi.

Ivano Bersini

Veramente sveglio

Io mi esibisco
nell'estasi del Cosmo
dove fantastiche visioni
di vita alternativa
intercettano il mio intelletto
e donano ad esso
energia sconosciuta
e lontana.

Le stelle parlano ora
delle ere notturne
dove il tempo si annienta
nella bellezza dell'eternità.

Ora, ho scordato la mia vita
ora, io sono veramente sveglio.

Parole

29

Splendono
ora le nostre parole
in scintille dorate
dove la Luce delle stelle
ne ammira
l'immagine eterna:
Verbo Lucente.

Ivano Bersini

Ai morti

Ora il sangue dei morti
è poesia bellissima
Luce dissolta nell'Infinito.

Un tenue desiderio
di libertà
si fa strada nella nostra vita
un'energia dorata
scende in noi
restituendoci
lo scordato significato
della nostra nascita.

Torneremo
in questo mondo
come testimoni di pace
quando i nostri volti
rappresenteranno
le nostre nobili anime.

Nella mia immagine

31

Ora mi sono scordato
dei giorni di freddo
e dei giorni di Sole
terrestri
io odo celesti armonie
dove anime antiche
ci iniziano
alla vita eterna
specchio della nostra essenza
prima disconosciuta
ora adorata.

Nella mia mente
è ora presente
il Creato e l'Umanità.

Ivano Bersini

Profumo

Gustavo il profumo dei fiori
quale essenza di esseri primordiali
testimoni della Creazione
emozione pura
che nutre la pietra ormai sciolta
ed il tempo sempre virtuale.

Sono in un tunnel temporale
luccicante dei pensieri
di Tutte le creature dell'Universo.

Qui ora
io mi inchino
e ricevo vibrazioni straordinarie
quali risposte di benedizione
alle preghiere
mai scordate dall'Assoluto
presupposto
di ogni motivo di vita.

Sono suoni e raggi
che ora possono essere recepiti
nella nuova condizione della nostra Anima.

Recita

Recitavo
favole antiche
primitive
quando l'Umanità embrionale
esprimeva la propria vocazione
di evoluzione
in cromie impercettibili
quasi suoni afoni
che tentavano
di cesellare il buio
in una crescita al presente
che sapeva
di rugiada primaverile
quando la mente sogna l'Infinito.

Ivano Bersini

Eterna pace

Sono ora in un campo di grano
dolcemente coricato
sotto il Sole eterno
immerso in ciclici rituali dell'Anima
che tornano agli eventi vissuti
ma qui io ora
respiro con la mente
donata all'immortalità
mentre la pece cosmica,
che lacrima stelle,
asseconda
le mie richieste di eterna pace.

Paradiso

Il Paradiso
è forse quando ti accorgi
che il male
è una personale intenzione
che non è altro
che una ignobile scusa
presentata esterna al nostro volere
per celare la nostra paura
ad andare incontro a noi stessi.

Quando nella notte
lacerata dalle nostre urla interiori
alzeremo gli occhi
dal nostro egoistico sonno
per individuarci nello Specchio Eterno
allora forse
vincendo la paura
scopriremo di essere eterni
e che la morte è nostra amica.

Di te

Il tempo è uno spettacolo qui
è una volta musicale
decorata da immagini
di vita trascorsa
è un intelligente ologramma
che estingue
le nostre pene
restituendoci
la soluzione
alle ricerche personali
mai portate a termine.

Io rivedo il Tuo viso
come icona di gioia
dipinta da una leggendaria
ed inestimabile Luce
che mi riporta a casa.

Al tempo passato

37

C'è un percorso segreto,
nel mio Cuore,
che si illumina
quando io penso a Te
è una matrice di lontano Amore
cristallizzato nella mia Anima
che si sprigiona
quando i sogni
incontrano il Sole
nella mia mente
nel mio Cuore
mentre la Tua voce
mi mostra il sentiero degli angeli.

Ivano Bersini

Vedere

Tutti sono focalizzati
a conformarsi
alla moda del momento
questo è l'inferno
che inquina e degrada
la natura umana
tutti guardano ed osservano
ma nessuno vede
nessuno scopre
l'ingannevole ed alienante realtà.

Ogni Volta

Ogni volta che mi avvicino
alla Fonte Primordiale
avverto l'odore della morte
svanire in un profumo di nuova vita
ecco, adesso io risorgo
in un'indicibile sensazione di fresca immortalità.
Non esiste la morte
è un falso mito
in cui l'Umanità ha inutilmente creduto.

Ivano Bersini

La libertà nella società contemporanea

E' assurdo
dover acquistare
i prodotti alimentari
(trasformati e snaturati)
il pianeta è di tutti:
ci vendono i beni comuni

le masse sono ridotte a pecore
a vantaggio di pochi furbi.

Gli animali
devono essere lasciati in pace
non uccisi e mangiati.

Per restare sani
dobbiamo nutrirci
dei soli frutti offerti dalla Natura
imbevuti della Luce del Sole.

Spegnere la televisione
è il primo atto verso la riduzione dei costi
e la Libertà.

Presente

41

Condizione
di schiavitù mentale
mascherata
da libero arbitrio
così spacciato alle masse.
La libertà è un non senso
noi siamo nati liberi
e sempre dobbiamo esserlo.

Gioia

42

Noi siamo poeti solitari
nella creatività dell'Universo
quando l'eco delle presenze occulte
desta i nostri sensi assopiti
e ci iniziano ad un rinnovamento
quando il giallo del Sole
è una lacrima d'Amore
che soddisfa
il pianto degli esseri umani
anelanti gioia.

Sintassi umana

Doneremo l'Anima
alla Luce Perenne
mentre il Cuore
abbandonerà la mente
nel deserto delle proprie fobie
e noi assumeremo
le autentiche sembianze
della nostra divina essenza.

La voce della sintassi umana
resterà
un inutile
innocente
impossibile tentativo
di descrivere l'Assoluto.

Puntino

In giardini sperduti dell'Anima
tentiamo inconsciamente
di raccogliere le nostre sensazioni
in un fremito di vita,
in colorati e musicali bagliori
dove il loro sfavillio
pare la creazione
di una nuova forma di comunicazione.

In quei momenti
l'estasi accoglie l'Anima
e noi ci sentiamo in comunione
con l'intera Esistenza.

Noi siamo un puntino
nell'incommensurabile bellezza
della Creazione.

Presenze

45

Parole lacerate dal tempo
assaggiano
la memoria degli uomini
sono dolciumi abbandonati
nella povertà dei giorni anonimi
quando bimbi lontani
confidavano i propri timori
a presenze silenziose,
malinconiche
che inquinavano i loro sentimenti
alterando la loro sacra percezione.

Ivano Bersini

Giostre dorate

46

Giostre dorate
si materializzano ora
dai nostri sogni,
musica arcaica
custodita nell'Infinito
accompagna il loro moto
in un'insolita esibizione
dove il tempo
non è più credibile.

Ora

47

Io sento cantare
l'acqua e la Luce
in noi

io sento ora
la nostra vita
associata all'Eternità
ora raggiunta.

Cortocircuito

48

L'Amore
non è un interruttore
ma un collegamento
esistente da sempre,
fra tutti,
ed emerge
quando uno sguardo
manda in cortocircuito
il nostro Cuore.

Indice

Kefa 8
Cibo degli angeli 10
Casa 11
Bellezza occulta 12
Mummie 13
Musicali colori 14
Esemplare melodia 15
Fiori 16
Inferi 17
Sole offuscato 18
Demone solitario 19
Mondo onirico 20
Inchiostro segreto 21
Laghi oscuri 22
Se 23
Codici 24
Per sempre 25
Demoni 26
Frasi musicali 27
Veramente sveglio 28
Parole 29
Ai morti 30
Nella mia immagine 31
Profumo 32
Recita 33
Eterna Pace 34
Paradiso 35
Di te 36
Al tempo passato 37
Vedere 38
Ogni Volta 39
La libertà nella società contemporanea 40
Presente 41

.

Gioia 42
Sintassi umana 43
Puntino 44
Presenze 45
Giostre dorate 46
Ora 47
Cortocircuito 48

Nota biografia

Sono nato il 3 ottobre 1974 a Brescia.
"Luce solare – Poesie nel cuore della notte" – del 2008 è la mia prima pubblicazione a cui seguono nel 2009, grazie sempre alla casa editrice Kimerik, "Il Giardino dei giochi – Io e Virginia" e "Nuovo viaggio".
Con l'Associazione Akkuaria ho poi pubblicato nel 2011 "Dentro noi, oltre le stelle" e "Anima e Delizia – Poesie dell'Eros" (e-book).
Nel 2013 ho pubblicato in proprio "Ricordi" e con Editrice Totem nel luglio 2014 "Occhi cuore anima" impreziosita dai disegni di Evelyn, una giovane e sensibile artista, entrambe aventi la prefazione della Dr.ssa Angela Giassi.
"Entre inverno y paraìso" a cura di Fátima Rocío Peralta García ed. Akkuaria è una delle varie antologie in cui sono presente.
Ho ricevuto segnalazione di merito e medaglia alle Edizioni 2009/2011/2013 del Concorso Internazionale Poesia, Prosa, Arti figurative La Finestra Eterea; la menzione d'onore al concorso Toscana in Poesia, 2010; diploma di segnalazione al 43° Concorso Internazionale Poesia Religiosa - Taranto 2011; menzione di merito alla 4ª edizione del Premio Fortunato Pasqualino il 31/03/2012 a Butera; terzo posto nella sezione poesia espressionista al Premio Nazionale di Poesia Edita Leandro Polverini 25/11/2012 con "Dentro noi, oltre le stelle" e secondo posto per la poesia metafisica nell'anno 2013 con la raccolta "Ricordi" e primo posto nella sezione Poesia crepuscolare con "Occhi cuore anima" il 30/11/2014.
Mi sono classificato al primo posto nel maggio 2013 al concorso di poesia "Il Suono delle Parole" realizzato da ZeroMoneta Records di Villa San Giovanni (RC).

Con il libro Nuovo viaggio mi sono classificato terzo ex aequo alla prima edizione 2010 del Premio Letterario "Omaggio a Emilio Greco" il 18/12/2010 a Catania.
Nel 2014 ho ideato la 1° Edizione del Concorso Letterario Internazionale POESIE NEL PAGO DELLA MITRIA quale ideale proposta per riscoprire la bellezza custodita nel cuore di ogni essere umano attraverso la rivisitazione di un sacro luogo.
La poesia rappresenta una forma per ritrovare se stessi nella riflessione della vita quotidiana grazie anche al confronto altrui.

Riferimenti internet miei:
- http://ivanobersini.wix.com/orapoesie
- http://www.alienismo.it

Metamorfosis

En portada: puerta de la Iglesia de los Muertos en Vello di
Marone – Lago d'Iseo (BS) Italia (fotografía de Ivano Bersini
2014)
Las traducciones de todas las poesías en español y portugués
fueron realizadas por Fátima Rocío, Peralta García.
Las traducciones en inglés de todas las poesías fueron
realizadas por el Profesor Ferri Giuseppe.
Las traducciones en ruso de todas las poesías fueron
realizadas por Yana Shchukina.

Estas nuevas poesías enriquecidas por la intervención de Giuseppe, Fátima, Yana a quienes agradezco de corazón, difundirán los sueños, esperando unir el mayor número posible de personas, así como también artistas y poetas que aún no saben que lo son, y a quienes ya agradezco por el aporte que sabrán dar al mundo.

Nada ocurre por casualidad.

Ivano Bersini

A las almas aun en viaje

Kefas

Líneas del tiempo
cabalgaron en la noche,
enmudecieron los peces
sobre la barca desnuda.

Pálido sonido
contuvo el aliento,
hierba amarga
en la mirada.

Hijo del Hombre
"¿A dónde vas, Señor?"
el agua del arroyo
susurró de dolor.

Roca
entre vientos y redes
a los pies del Cordero,
pescador en el desierto.

"...Tú eres Simón, hijo de Juan: Te llamarás Kefas" lo que quiere
decir Piedra."

(Juan 1,42)

Fátima Rocío Peralta García

Pan de los ángeles

Yo ahora me alimento
del pan de los ángeles
paz reluciente
que regresa entre nosotros.

Yo encuentro Tu imagen
reanimar
Tu espíritu.

Música sensual
que mece mi presente
como viejo carrusel
transcurren emociones ahora
de mi infancia
en nuevos sentimientos
del lejano futuro.

Casa

60

Todos nosotros queremos
regresar a Dios
todos nosotros tenemos la necesidad
de regresar a Dios
todos nosotros buscamos el aliento eterno
que colme nuestro corazón
de alegría, de luz
nuestra Alma
siempre busca
el camino a casa.

Belleza escondida

61

Ahora admiro
la belleza escondida del mundo
desde un panorama desalentador
es como si se deslizase
en un pozo profundo
anhelase como un alma sepulta
regresar al sol.

Momias

62

Hay una lejana soledad
que ahora atormenta
mi corazón
son todas las imágenes
de la vida transcurrida.

El sol no las atraviesa más
no han sido más alimentadas
los colores ahora han cambiado
en silenciosas momias
donde las emociones
están entrampadas.

Colores Musicales

Busco mi guía
en este ambiente opaco
donde he terminado
escuchando mis aflicciones
Ella sabrá reconocerme
y acompañarme
hacia el color celeste
del cielo
enriquecido por el sol
entonces oiré el sonido
de la voz de los ángeles
nobles bandidos
bandidos del pensamiento solapado cotidiano.

Solo así
volveré a ver las flores
pintar al fresco mi vista
de nuevos colores musicales.

Melodía ejemplar

Escucho los cantos sueltos de las almas
en la espera de conciliarse
en una melodía ejemplar
que libera
un encantador
necesario fraseo
que con sabia gracia
instruirá
el pensamiento de quien se ha extraviado.

Regresa ahora mi memoria
del lejano viaje
donde las emociones
encantan alrededor del paisaje
Tú eres mi guía
ahora que el latido del corazón
es Tu entusiasmado discípulo.

Seguiré Tu alma
volveré a ver los rayos del sol.

Flores

Escucho a las flores cantar
ahora veo la Luz
ahora el aire es un cristal limpio
en donde la música
se tiñe de nuevas vibraciones.

Los límites son humanos
la creación es libre
de expresarse en frente de nosotros
porque nosotros podemos
seguir el ejemplo
haciendo germinar
al infinito
nuestra secreta creatividad,
Las imágenes nacidas de nuestra acción
cambiarán así el mundo.

Infiernos

Descendí a los infiernos
donde mi alma se quemó
con los colores de un violento arco iris
allí, extravié mis pensamientos
allí, fui bestia feroz
sin control
allí, lloré
escuchando la soledad
de mi remota violencia.

Sol ofuscado

Fueron luego los ángeles
que me ofrecieron ayuda
en una nueva némesis necesaria
para huir de la vulgaridad de la gestualidad humana
fuera de control.

Aquí una lápida humeante
en un antiguo cementerio
dedicar una memoria a mis desdichas
en un día de sol ofuscado
donde un velo
de ambigüedad espectral
recitaba poesías mortales.

En aquel instante
yo estuve ausente
buscaba plegarias secretas
de paz salvadora.

Ivano Bersini

Demonio solitario

Tal vez yo
regresaré a ser un demonio solitario
cuando el crepúsculo
sea una inmaculada
sensación de una vida lejana.

Así mi Alma
será quizás solo un espectro vagabundo
en un abominable cerco de dantesca memoria.

Mundo onírico

Tus ojos llaman a mi Alma
siento el perfume de rosas en el verano
iluminadas por el sol de aquellas tardes lejanas.

Ahora, retorno así al mundo onírico
a contemplar la sagrada imagen de la Humanidad
a escuchar la melodía de sus pensamientos
a recibir el designio de los ángeles

a purificar la mente

a reflejar aun mi corazón inmaculado.

Ivano Bersini

Tinta secreta

Yo vivo de la esencia de las flores
mecido en el perfume
de un día lejano
donde el Sol
dialogaba
con la naturaleza secreta
mientras los espíritus
custodiaban
los recuerdos de la Humanidad perdida.

Lagos Oscuros

Besé las imágenes sagradas
de nuestra civilización
ya sepulta
dirigí luego la mirada
al infinito
oí un recital
de oscuras plegarias
acariciar mis sentidos
yo me sentí un ángel lúgubre
viviente en un turbio flash
de angustiadas imágenes
ignoradas por el presente.

Regresé luego a la vida
respirando nuevos mundos interiores.

Si

72

Imágenes traslucidas
se fijan en mi mente
deseo indagar
sensaciones lejanas
que esconden
mis dones innatos
ofuscados por un anagrama sensorial.

Códigos

73

Lágrimas doradas
expresan la armonía
de mi Alma
en reflejos
que la proyectan
en el infinito
donde el cielo
corona nuestros corazones
en eternos códigos de auténtica virtud.

Para siempre

Yo descifro
los colores de la naturaleza
en concesión de la luz
el sonido de encantadoras musas
marchitan la oscuridad
marchitan la tempestad
marchitan la abolición
para permanecer inmortales.

Demonios

Leo en imágenes
la armonía de las estrellas
cuando las emociones humanas
hablaban a las piedras
y al mundo invisible
cuando el hombre
amaba aun las hadas
cuando la vida
era una poesía
de lucientes colores
donde la muerte
testimoniaba
la eternidad de la existencia.

Y yo regresé
a recorrer
en un suspiro de infinito
donde los fragmentos
de mi Alma
buscaban reconciliarse
en una ejemplar
y necesaria cura.

Se adormecieron luego
los demonios de la Humanidad
en secretos caminos de paz.

Ivano Bersini

Frases musicales

Mi memoria
sangra visiones
es un duro sufrimiento
respirar aquí
donde yo me destruyo.

Como el eco
deforma la musicalidad de los pensamientos
que transforman en frases.

Verdaderamente despierto

Yo me muestro
en el éxtasis del Cosmos
donde fantásticas visiones
de vida alternativa
intervienen mi intelecto
y donan a el
energía desconocida
y lejana.

Las estrellas hablan ahora
de las eras nocturnas
donde se abate el tiempo
en la belleza de la eternidad.

Ahora, he olvidado mi vida
ahora, yo estoy verdaderamente despierto.

Palabras

Resplandecen
ahora nuestras palabras
en destellos dorados
donde la luz de las estrellas
admira
la imagen eterna:
Verbo Reluciente.

A los muertos

Ahora la sangre de los muertos
es bellísima poesía
Luz disuelta en el infinito.

Un tenue deseo
de libertad
se hace camino en nuestra vida
una energía dorada
desciende en nosotros
devolviéndonos
el significado olvidado
de nuestro nacimiento.

Regresaremos
a este mundo
como testigos de paz
cuando nuestros rostros
representen
nuestras nobles almas.

Ivano Bersini

En mi imagen

Ahora me he olvidado
de los días fríos
y de los días de Sol
terrestres
yo escucho armonías celestes
donde almas antiguas
inician
la vida eterna
espejo de nuestra esencia
antes desconocida
ahora honrada.

En mi mente
está ahora presente
la creación y la Humanidad.

Perfume

Disfrutaba el perfume de las flores
cual esencia de seres primordiales
testigos de la Creación
emoción pura
que alimenta la piedra ya disuelta
y el tiempo siempre virtual.

Estoy en un túnel temporal
resplandeciente por los pensamientos
de Todas las criaturas del Universo.

Aquí ahora
yo me inclino
y recibo vibraciones extraordinarias
aquellas respuestas de bendiciones
a las plegarias
nunca olvidadas desde lo Absoluto
premisa
de cada motivo de vida.

Son sonidos y rayos
que ahora pueden ser acogidos
en la nueva condición de nuestra Alma

Recital

82

Recitaba
fábulas antiguas
primitivas
cuando la Humanidad embrionaria
expresaba la propia vocación
de evolución
en colores imperceptibles
casi sonidos afónicos
que intentaban
cincelar la oscuridad
en un crecimiento al presente
que sabía
de rocío primaveral
cuando la mente sueña al infinito.

Paz Eterna

Estoy ahora en un campo de grano
dulcemente cuidado
bajo el Sol eterno
inmerso en cíclicos rituales del Alma
que regresan a los eventos vividos
pero yo aquí ahora
respiro con la mente
entregada a la inmortalidad
mientras la brea cósmica,
que llora estrellas,
complace
mis peticiones de paz eterna.

Paraíso

El Paraíso
es tal vez cuando te das cuenta
que el mal
es una intención personal
y que no es otra
que una excusa infame
presentada externa a nuestro querer
por ocultar nuestro miedo
e ir en contra de nosotros mismos.

Cuando en la noche
desgarrada por nuestros gritos interiores
alzaremos los ojos
de nuestro sueño egoísta
para individualizarnos en el Espejo Eterno
tal vez entonces
descubriremos ser eternos
y que la muerte es nuestra amiga.

De ti

85

El tiempo es un espectáculo aquí
es una vuelta musical
decorada por imágenes
de vida transcurrida
es un holograma inteligente
que extingue
nuestras penas
devolviéndonos
la solución
a las búsquedas personales
aun no finalizadas.

Yo vuelvo a ver Tu rostro
como icono de alegría
pintado por una legendaria
e inestimable Luz
que me transporta a casa.

Ivano Bersini

Al tiempo pasado

Hay un recorrido secreto,
en mi Corazón,
que se ilumina
cuando pienso en Ti
es una matriz de un Amor lejano
cristalizado en mi Alma
que se exhala
cuando los sueños
encuentran el Sol
en mi mente
en mi Corazón
mientras Tu voz
me muestra el camino de los ángeles.

Ver

87

Todos estamos focalizados
a conformarse
a la moda del momento
este es el infierno
que corrompe y degrada
la naturaleza humana
todos miran y observan
pero ninguno ve
ninguno descubre
la engañosa y alienante realidad.

Cada Vez

Cada vez que me acerco
a la Fuente Primordial
advierto el olor de la muerte
deslizar en un perfume de vida nueva,
aquí, ahora yo renazco
en una indescriptible sensación de fresca inmortalidad
No existe la muerte
es un falso mito
en el que la Humanidad ha creído inútilmente.

La libertad en la sociedad contemporánea

Es absurdo
tener que adquirir
los productos alimentarios
(transformados y desnaturalizados)
el planeta es de todos:
nos venden los bienes comunes.

Las masas son reducidas a ovejas
a conveniencia de pocos arteros.

A los animales
se les deben dejar en paz
no asesinarlos y comerlos.

Para estar sanos
debemos alimentarnos
solo de los frutos que ofrece la Naturaleza
impregnados por la Luz del Sol.

Apagar la televisión
es el primer acto hacia la reducción de los costos
y la Libertad.

Presente

90

Condición
de esclavitud mental
enmascarada
por el libre arbitrio
así difundido a las masas.
La libertad es sin sentido
somos nacidos para ser libres
y siempre debemos serlo.

Alegría

Nosotros somos poetas solitarios
en la creatividad del Universo
cuando el eco de las presencias ocultas
de nuestros sentidos adormecidos
nos conllevan a una renovación
cuando el rayo del Sol
es una lágrima de Amor
que consuela
el llanto de los seres humanos
anhelantes de alegría.

Sintaxis humana

92

Donaremos el Alma
a la luz perenne
mientras el Corazón
abandonará la mente
en el desierto de las propias fobias
y nosotros asumiremos
las auténticas semblanzas
de nuestra divina esencia.

La voz de la sintaxis humana
permanecerá
un inútil
inocente
intento imposible
de describir lo Absoluto.

Puntito

En jardines remotos del Alma
intentamos inconscientemente
recoger nuestras sensaciones
en un bramido de vida
en coloridos y musicales resplandores
donde su destello
engalana la creación
de una nueva forma de comunicación.

En aquellos momentos
el éxtasis acoge el alma
y nosotros nos sentimos en comunión
con la entera Existencia.

Nosotros somos un puntito
en la inconmensurable belleza
de la creación.

Presencias

94

Palabras desgarradas por el tiempo
examinan
la memoria de los hombres
son dulces abandonados
en la pobreza de los días anónimos
cuando lejanos niños
confesaban sus propios temores
a presencias silenciosas,
melancólicas
que corrompían sus sentimientos
alterando su sacra percepción.

Carruseles dorados

95

Carruseles dorados
se materializan ahora
por nuestros sueños,
música arcaica
guardada en el infinito
acompaña su movimiento
en una insólita exhibición
donde el tiempo
no es más verosímil.

Ivano Bersini

Ahora

Yo siento cantar
el agua y la Luz
en nosotros

Yo siento ahora
nuestra vida
asociada a la Eternidad
ahora unida.

Cortocircuito

97

El Amor
no es un interruptor
pero una conexión
siempre existe,
entre todos,
y emerge
cuando una mirada
manda un cortocircuito
a nuestro corazón.

Ivano Bersini

Índice

Kefas 58
Pan de los ángeles 59
Casa 60
Belleza escondida 61
Momias 62
Colores musicales 63
Melodía ejemplar 64
Flores 65
Infiernos 66
Sol ofuscado 67
Demonio solitario 68
Mundo onírico   69
Tinta secreta 70
Lagos oscuros   71
Si 72
Códigos 73
Para siempre 74
Demonios 75
Frases musicales 76
Verdaderamente despierto 77
Palabras 78
A los muertos 79
En mi imagen 80
Perfume 81
Recital 82
Paz eterna 83
Paraíso 84
De ti 85
Al tiempo pasado 86
Ver 87
Cada vez 88

La libertad en la sociedad contemporánea 89
Presente 90
Alegría 91
Sintaxis humana 92
Puntito 93
Presencias 94
Carruseles dorados 95
Ahora 96
Cortocircuito 97

Nota biográfica

Nací el 3 de Octubre de 1974 en Brescia.
"Luz solar – Poesías en el corazón de la noche" - del 2008 es mi primera publicación en el que siguieron "El Jardín de los juegos" – "Virginia y yo" y "Nuevo Viaje" en el 2009 siempre gracias a la casa editorial Kimerik.
Luego en el 2011 publiqué con l'Associazione Akkuaria "Dentro de nosotros, más allá de las estrellas" y "Alma y Delicia" - "Poesías del Eros" (e-book).
En el 2013 publiqué "Recuerdos" y en julio de 2014 "Ojos corazón alma"con la editorial Totem, adornado por los diseños de Evelyn, una joven y sensible artista, así mismo el prólogo por la doctora Angela Giassi.
"Entre invierno y paraíso" a cargo de Fátima Rocío Peralta García. Editorial Akkuaria es una de las diversas antologías en el que me hago presente.
He recibido menciones al mérito y medalla a las ediciones 2009/ 2011/ 2013 del Concurso Internacional Poesía Prosa Arte figurative La Finestra Eterea: La mención de honor en el concurso Toscana en Poesía 2010; diploma de mérito en el 43° Concurso Internacional Poesía Religiosa – Taranto 2011; mención al mérito en la 4° edición del Premio Fortunato Pasqualino el 31/03/2012 en Butera; tercer puesto en la sección poesía expresionista al Premio Nazionale di Poesia Edita Leandro Polverini 25/ 11/ 2012 "Dentro de nosotros, más allá de las estrellas" y segundo puesto por la poesía metafísica en el año 2013 con la colección "Recuerdos" y primer lugar en la sección Poesía Crepuscular con "Ojos corazón alma" el 30/11/2014.
Clasifiqué en el primer puesto en mayo 2013 en el concurso de poesía "Il Suono delle Parole" realizado por ZeroMoneta Records de Villa San Giovani (RC).
Con el libro Nuevo viaje clasifiqué en el tercer puesto ex

aequo en la primera edición 2010 del Premio Literario "Omaggio a Emilio Greco" el 18/12/2010 en Catania.
En el 2014 he ideado la 1º Edición del Concurso Literario Internacional POESIE NEL PAGO DELLA MITRIA propuesta ideal para redescubrir la belleza guardada en el corazón de cada ser humano a través de la visita de un lugar sagrado.
La poesía representa una forma para reencontrarse así mismo en la reflexión de la vida cotidiana gracias al encuentro con el prójimo.

Mis referencias en Internet:

- http://ivanobersini.wix.com/orapoesie
- http://www.alienismo.it

Metamorfoses

Na capa do livro: porta da igreja dos mortos em Vello di
Marone – Lago d'Iseo (BS) – Italia (fotografia de Ivano
Bersini 2014)
As traduções de todas as poesias em espanhol e português
foram realizadas por Fátima Rocío, Peralta García.
As traduções de todas as poesias em inglês foram realizadas
pelo Professor Ferri Giuseppe.
As traduções de todas as poesias em russo foram realizadas
por Yana Shchukina.

Estas novas poesías, embelazadas pela intervenção de Giuseppe, Fatima, Yana a quem agradeço de tudo coração, difundirão os sonhos, unindo espero o maior número possível de pessoas, ao mesmo tempo artistas e poetas que ainda não sabem que ser, mas que agradeço pela contribuição que eles saberão dar ao mundo.

Nada sucede por casualidade.

Ivano Bersini

Às almas ainda em viagem.

Ivano Bersini

Kepha

Líneas do tempo
cavalgaram na noite,
emudeceram os peixes
sobre o barco solitário.

Palido som
deteve o respiro,
erva amarga
no olhar.

Filho do Homem
"Aonde vas, Senhor?"
a água do arroio
sussurrou do dor.

Rocha,
entre ventos e redes
aos pés do Cordeiro
pescador no deserto.

*"...E levou-o a Jesus. E, olhando Jesus para ele, disse: Tu és Simão,
filho de Jonas; tu serás chamado Cefas (que quer dizer Pedro)."*

(João 1,42)

Fátima Rocío Peralta García

***Kepha**: Em aramaico, língua falada por Jesus e pelos apòstolos, a palavra para rocha ou pedra é Kepha.

Ivano Bersini

Pão dos anjos

Eu agora como
do pão dos anjos
Paz Reluzente
que volta entre nós.

Eu encontro tua imagem
reanimar
Teu espíritu.

Música sensual
que agita meu presente
como um carrossel velho
transcorrem emoções agora
de minha infância
em novos sentimentos
do futuro recôndito.

Casa

Todos nós queremos
voltar a Deus
todos nós precisamos
de voltar a Deus
todos nós
precisamos do Sossego Eterno
que encha nosso Coração
de alegria, de Luz
nossa Alma
procura sempre
o caminho a casa.

Beleza escondida

112

Agora admiro
a beleza escondida do mundo
desde um panorama desalentador
é como si caído
num poço profondo
anelasse como a Alma sepulta
voltar ao Sol.

Múmias

Há uma distante solidão
que atormenta agora
meu Coração
são todas as imagens
da vida transcorrida.

O sol não as atravessa mais
elas não alimentam-se mais
as cores agora cambiaram
em silenciosas múmias
onde as emoções
são capturadas.

Cores musicais

114

Procuro minha guia
em este opaco ambiente
onde acabei
escutando minhas saudades
Ela sabrá reconhece-me
e acompanha-me
até a cor celeste
do céu
reluzente pelo sol
então sentirei o som

da voz dos anjos
nobres bandoleiros
bandoleiros do solapado pensamento cotidiano.

Solo assim
volterei a vir as flores
em fresco meus olhos
de novas cores musicais.

Melodia exemplar

Escuto as canções dispersas pelas almas
na espera de conciliar-se
numa melodia exemplar
que libera
um glamouroso
necessário fraseo
que com vivida graça
instruirá
o pensamento de quem está perdido.

Volta agora minha mente
da longe viagem
onde as emoções
encantam o paisagem ao meu redor
Tu és minha guia
agora que o batimento do coração
é teu fiel discípulo.

Seguirei Tua alma
volterei a ver os raios do sol.

Flores

Escuto as flores cantar
agora vejo a luz
agora o ar é limpo cristal
onde a música
se pinta de novas cores.

Os limites são humanos
a criação é livre
de expressar-se ante nós
porque nós podemos
seguir o exemplo
fazendo germinar
ao infinito
nossa escondida criatividade
as imagens nascidas de nosso agir
cambiarão assim o mundo.

Infernos

Descendi aos infernos
onde minha Alma se queimei
com as cores de um violento arco-íris
ali, esqueci meus pensamentos
ali, fui besta feroz
sem controle
ali, chorei
escutando a solidão
duma remota violência.

Ivano Bersini

Sol ofuscado

Foram depois os anjos
que ofereceram-me ajuda
numa nova necessária nêmesis
para fugir da vulgaridade da gestualidade humana
fora de controle

aqui uma lápide fumarento
num antigo cemitério
dedicar uma memória a minhas saudades
num dia de Sol ofuscado
onde um véu
de espetral ambigüidade
recitava poesías mortais

naquele instante
eu estava ausente
eu procurava segredas orações
de paz salvadora.

Demônio sozinho

Eu talvez
voltarei a ser um demônio sozinho
quando o crepúsculo
será uma imaculada
sensação de distante vida

assim minha Alma
será talvez solo um espectro vagabundo
num interminável carrosel de dantesca memória.

Ivano Bersini

Mundo onírico

Teus olhos chamam minha alma
sinto a fragrância de rosas de verão
iluminadas pelo Sol daquelas tardes distantes.

Volto assim agora ao mundo onírico
a comtemplar a sagrada imagem da Humanidade
a escutar a melodia de seus pensamentos
a recever o desígnio dos anjos

a purificar a mente
a conservar ainda imaculado meu Coração.

Tinta segreda

Eu vivo da essência das flores
escondido na aroma
dum dia distante
onde o Sol
dialogava
com a Natureza segreda
enquanto os espíritus
custodiavam
as lembranças da Humanidade perdida.

Ivano Bersini

Lagos obscuros

Beijei as imagens sagradas

de nossa civilização
já sepultada
depois dirigi o olhar
ao infinito
ouvi um recital
de obscuras orações
acariciar meus sentidos
eu mi senti um anjo fúnebre
vivente num turvo flash
de imagens angustiadas
desconhecidas pelo presente.

Depois voltei à vida
respirando novos mundos interiores.

Se

123

Imagens translúcidas
se plasmam em minha mente
desejo indagar sensações distantes
que escondem
meus dons inatos
ofuscados pelo anagrama sensorial.

Ivano Bersini

Códigos

124

Lágrimas douradas
expressam a harmonia
de minha Alma
em reflexos
que a projetam
no infinito
onde o céu
coroa nossos corações
em eternos códigos de autêntica virtude.

Para Sempre

Eu decifro
as cores da Natureza
em concessão da luz
o som de fascinantes musas
murcham a obscuridade
murcham o temporale
murcham a anulação
para ficar imortais.

Demônio

Leio em imagens
a harmonia das estrelas
quando as emoções humanas
falavam às pedras
e ao mundo invisível
quando o homem
amava agora as fadas
quando a vida
era uma poesía
de luzentes cores
onde a morte
testemunhava
a eternidade da existência.

E eu voltei
a passear
num suspiro de infinito
onde os fragmentos
de minha Alma
procuravam reconciliar-se
numa exemplar
e necessária cura.

Depois se adormeceram
os demônios da Humanidade
em segredos caminhos de paz.

Frases musicais

127

Minha memória
sangra visões
é um duro sofrimento
respirar aqui
onde eu destruo-me

como o eco
deforma a musicalidade dos pensamentos
que cambiam em frases.

Deveras acordado

Eu me exibo
no êxtase do Cosmo
onde fantásticas visões
de vida alternativa
interferem meu conhecimento
e doam
energia desconhecida
e distante.

As estrelas falam agora
das eras noturnas
onde o tempo se destrua
na beleza da eternidade.

Agora, esqueci minha vida
agora, estou deveras acordado.

Palavras

129

Brilham
agora nossas palavras
em luzes douradas
onde a Luz das estrelas
admiram
a imagem eterna:
Verbo Luzente.

Ao mortos

Agora o sangue dos mortos
é poesía belíssima
Luz dissoluta no infinito.

Um tênue desejo
de libertade
se fará caminho em nossa vida
uma energia dourada
descende em nós
devolvendo
o significado esquecido
de nosso nascimento.

Voltaremos
a este mundo
como testemunhas de paz
quando nossos rostros
representarão
nossas almas nobres.

Em minha imagem

Agora me tinha esquecido
dos dias frios
e dos dias de Sol
térreos
eu ouço celestes harmonias
onde almas velhas
começam
à vida eterna
espelho de nossa existência
antes desconhecida
agora venerada.

Em minha mente
está agora presente
a Criação e a Humanidade.

Fragrância

Gostava da fragrância das flores
aquela essência de seres primordiales
testemunhas da Criação
emoção pura
que alimenta a pedra já dissolvida
e o tempo sempre virtual.

Estou no túnel transitório
vislumbrados pelos pensamentos
de todos os seres do Universo.

Aqui agora
eu me inclino
e recevo vibrações extraordinárias
aquelas respostas de bençãos
as orações
jamais esquecidas pelo Supremo
razão
de cada motivo de vida.

São sons e raios
que agora podem ser recebidos
na nova condição de nossa Alma.

Recital

Recitava
fábulas velhas
primitivas
quando a Humanidade embrionária
expressava a própia vocação
de evolução
em cores imperceptíveis
quase sons afônicos
que tentaram
cinzelar a obscuridade
num crescimento ao presente
que soubera
de orvalho primaveril
quando a mente sonha o infinito.

Ivano Bersini

Paz eterna

Agora estou num campo de grão
docemente cuidado
debaixo o Sol eterno
imerso em cíclicos rituales da Alma
que voltam ao eventos vividos
mas aqui eu agora
respiro com a mente
doada à imortalidade
enquanto o breu cósmico,
que chora estrelas,
compraza
meus petições de paz eterna.

Paraíso

O paraíso
é talvez quando tu advirtas
que o mal
é uma intenção pessoal
que não é uma
ignóbil escusa
apresentada externa a nosso quer
para encobrir nosso medo
e ir ao encontro de uno mesmo.

Quando na noite
destroçada pelos medos íntimos
levantaremos a vista
de nosso sonho egoista
para individualizar-nos no Espelho Eterno
então talvez
vencendo o medo
descobriremos de ser eternos
e que a morte é nossa amiga.

De você

O tempo é um espetáculo aqui
é uma demonstração musical
decorado pelas imagens
da vida transcorrida
é um inteligente holograma
que consola
nossas saudades
devolvendo-nos
as soluções
à procuras pessoais
jamais terminadas.

Eu vejo teu rostro
como ícone de alegría
pintado por uma legendária
e inestimável Luz
que me volta a casa.

Ao tempo passado

Há um caminho segredo,
em meu coração
que se ilumina
quando penso em você
é uma matriz dum Amor longe
cristalizado em minha Alma
que se libera
quando os sonhos
encontram o Sol
em minha mente
em meu Coração
enquanto Tua voz
me ensina o caminho dos anjos.

Ver

Todos estamos enfocados
a conformar-se
à moda do mundo
esto é o inferno
que aniquila e degrada
a natureza humana
todos vêem e observam
mas nenhum vê
nenhum descobre
a enganosa e alienante realidade.

Cada vez

Cada vez que aproximo-me
à Fonte Primordial
percebo o aroma da morte
desvanecer numa fragrância de nova vida
aqui, agora eu renasço
numa sensação de fresca imortalidade
não existe a morte
é um falso mito
o qual a Humanidade tinha creido inútilmente.

Ivano Bersini

A liberdade na sociedade contemporânea

É absurdo
adquirir
os produtos alimentícios
(convertidos e desnaturados)
o planeta é de todos
vendem os bens.

As massas são reduzidas a ovelhas
em benefício de poucos arteiros.

Os animais
devem estar em paz
não assassiná-los e comê-los.

Para ficar com saúde
nós devemos alimentar-nos
solo dos frutos oferecidos pela Natureza
impregnados pela Luz do Sol.

Deixar a televisão
é o primeiro passo até a redução dos custos
e a liberdade.

Presente

Condição
de escravidão mental
mascarado
pela livre autoridade
assim acabado as massas
A liberdade não tem sentido
nós temos nascido livres
e sempre devemos ser.

Alegría

142

Nós somos poetas sozinhos
na criatividade do Universo
quando o eco delas presenças ocultas
nossos sentidos adormecidos
começam um renascer
quando o amarelo do Sol
é uma lágrima de Amor
que consola
o pranto dos seres humanos
anelantes de alegría.

Sintaxe humana

Donaremos a Alma
à Luz Perene
enquanto o Coração
abandonará a mente
no deserto dos própios medos
e nós assumiremos
os autênticos esboços
de nossa divina essência.

A voz da sintaxe umana
ficará
um inútil
inocente
impossível tentativo
descrever o Absoluto.

Pontinho

144

Em jardins escondidos da Alma
tentamos inconscientemente
recolher nossas sensações
num sopro fôlego de vida,
em coloridos e musicais resplendores
onde seu lampejo
enfeita a criação
duma nova forma de comunicação.

Naqueles momentos
o êxtase acolhe a Alma
e nós sentimos em comunhão
com a inteira Existência.

Nós somos um pontinho
na incomensurável beleza
da Criação.

Presenças

145

Palavras destroçadas pelo tempo
examinam
a memória dos homens
são doces abandonados
na pobreza dos dias anónimos
quando meninos distantes
confiavam seus própios medos
a presenças silenciosas,
tristes
que corrompiam seus sentimentos
alterando sua sacra percepção.

Carrosséis dourados

Carrosséis dourados
se materializam agora
por nossos sonhos,
música velha
preservada no infinito
acompanha seu movimento
numa insólita exibição
onde o tempo
não é mais acreditável.

Agora

147

Eu sinto cantar
a água e a Luz
em nós

eu sinto agora
nossa vida
associada à Eternidade
agora ligada.

Curto-circuito

O Amor
não é um interruptor
mas é uma conexão
que existe
entre nós
e emerge
quando uma olhada
manda um curto-circuito
a nosso Coração.

Índice

Kepha 108
Pão dos anjos 110
Casa 111
Beleza escondida 112
Múmias 113
Cores musicais 114
Melodia exemplar 115
Flores 116
Infernos 117
Sol ofuscado 118
Demônio sozinho 119
Mundo Onírico 120
Tinta segreda 121
Lagos obscuros 122
Se 123
Códigos 124
Para sempre 125
Demônios 126
Frases musicais 127
Deveras acordado 128
Palavras 129
Ao mortos 130
Em minha imagem 131
Fragrância 132
Recital 133
Paz eterna 134
Paraíso 135
De você 136
Ao tempo passado 137
Ver 138
Cada vez 139

A liberdade na sociedade contemporânea 140
Presente 141
Alegría 142
Sintaxe humana 143
Pontinho 144
Presenças 145
Carrosséis dourados 146
Agora 147
Curto-circuito 148

Nota Biografia

Nasci em Brescia a 3 outubro de 1974.
"Luz solar - Poesías no coração da noite " - do 2008 é minha primeira publicação, seguem em 2009, sempre graças à casa editora Kimerik, "O jardim dos olhos" – "Virginia e Eu" e "Nova viagem".
Depois com à Associazione Akkuaria no 2011 publiquei "Dentro nós, para lá das estrelas" e "Alma e delícia – Poesías do Eros" (e-book).
No 2013 publiquei "Lembranças" em própio com a editora Totem em julho 2014 "Olhos coração alma" embelezadas pelas gráficas de Evelyn uma jovem e sensível artista, assim mesmo Doutora Angela Giassi pelo prólogo.
"Entre inverno e paraíso" a cargo de Fátima Rocío Peralta García e Editora Akkuaria é uma das muitas antologias poéticas o qual eu estou presente.
Recebi menção honrosa e medalha às edições 2009/ 2011/ 2013 do Concurso Internacional Poesía, Prosa , Artes Figurativas La Finestra Eterea; a menção honrosa no concurso Toscana em Poesía, 2010, diploma honrosa à 43ª Concurso Internacional Poesía Religiosa – Taranto 2011; menção honrosa à 4ª edição do Prêmio Fortunato Pasqualino o 31/03/12 em Butera; terceiro lugar na seção poesía expressionista ao Prêmio Nacional de Poesía Edita Leandro Polverini 25/11/2012 com "Dentro nós, para lá das estrelas"e segundo lugar pela poesía metafísica no ano 2013 com antologia "Lembranças"e primeiro lugar na seção poesía crepuscular com "Olhos coração alma" o 31/11/2014.
Classifiquei no primeiro lugar em maio 2013 no concurso di poesía "Il Suono delle Parole" realizado por ZeroMoneta Records de Villa Giovani (RC).
Com o livro "Nova viagem" classifiquei como terceiro lugar ex aequo na primeira edição 2010 do Prêmio Literário

"Omaggio a Emilo Greco"o 18/12/210 em Catania.
No 2014 editei a primeira edição do Concurso Literário Internacional "POESIE NEL PAGO DELLA MITRIA" ideia proposta para redescobrir a beleza que fica no coração de cada ser humano a través da visita dum lugar sacro.
A poesía representa uma forma para encontrar-se a se mesmo na reflexão da vida cotidiana graças ao encontro com nossos semelhantes.

Minhas referências em internet:

http://ivanobersini.wix.com/orapoesie
http://www.alienismo.it

Metamorphosis

*These new poems, enriched by the contribution of Giuseppe, Fatima,
Yana, to whom I am very grateful, will hopefully reach as many people
as possible. I hope they will also reach poets and artists who still might
not consider themselves as such, but whom I thank from all my heart
for the contribution they are going to give to the world.*

Nothing happens by chance.

Ivano Bersini

To the still travelling souls.

Ivano Bersini

Kephas

Lines of the time
rode in the night
fish died
in the desert boat.

A sound off
stopped the breathing
bitter grass
in the eye.

Man's son
"Quo vadis, Domine?"
the water of the brook
whispered for the grief.

Stone,
among winds and nets
at the Lamb's feet
fisherman in the desert.

"...You are Simon, the son of John; you will be called
Kephas (wich is translated Peter)".

(Jhon 1,42)

Fátima Rocío Peralta García

*Kephas: in aramaic means "rock" "stone".

Angels' food

And now I feed
With angels' food
Brilliant peace
Which comes back to us.

I find your image again
To give a new life
To your spirit.

Sensual music
Which lulls my spirit
Like an old merry- go- round
Emotions of my childhood
Flow now
In new feelings
about the mysterious future.

Home

All of us want
to go back to God
All of us need
to go back to God
all of us
are looking for the Eternal Breath
which fills our heart
with joy, light
our soul
always looks for
the way home

Weird Beauty

Now I'm admiring
the weird beauty of the world
from a discouraging perspective
it's like I, slipped
into a deep well,
wished , like a buried Soul,
I could go back to the sun.

Ivano Bersini

Mummies

There is a distant solitude
which now torments
my heart
they are all slides
of my past life

the Sun doesn't pierce them anymore
they aren't fed anymore
the colours have now changed
into silent mummies
where the emotions
are trapped.

Musical Colours

I'm looking for my guide
in this matt place
where I happened to be
listening to my sorrows
He will be able to recognize me
and take me
towards the blue colour
of the sun- adorned
sky
then I'll hear the sound
of angels' voice
noble outlaws
Cast out of the sneaky daily thought.

Only then
I'll feel again the flowers
frescoing my sight
With new musical colours.

Ivano Bersini

Uplifting Melody

I'm listening to the melted songs of the souls
waiting to chord
in an uplifting melody
which can give rise to
an enchanting
necessary phrasing
that will instruct
with masterly grace
The thought of him who got lost.

My mind is coming back
after a distant trip
where emotions
make the sorrounding landscape enchanting
You are my guide
Now that the beating of Heart
is your faithful disciple.

I'll follow your soul
I'll see the sun rays again.

Flowers

I'm listening to the flowers singing
now I can see the Light
now the air is like a crystal clear
where the music
is tinged with unheard vibrations

Limits are human
creation is free
to express itself in front of us
because we cannot
follow the example
making our creativity
rise
to Infinity.
so the images created by our actions
will change the world.

Ivano Bersini

The Underworld

I went down to the underworld
where my soul got burnt
with the colours of a violent rainbow
there, I lost my thoughts
there, I changed into a brutish beast
without any control
there, I cried
listening to the solitude
of my innermost violence.

Blear sun

Then there were angels
offering me assistance
in a new necessary nemesis
to escape from the vulgarity of out of control
human actions.

here is a smoldering tombstone
in an ancient graveyard
reminding my misfortunes
on a day with a blear sun
where a veil
of spectral ambiguity
recited mortal poems

at that moment
I was absent
I was looking for secret prayers
For a redeeming peace.

Ivano Bersini

Lonely devil

Maybe I will
to be a lonely devil
when the twilight
will be an immacolate
sensation of a distant life

so my Soul
maybe just a vagrant ghost
In an unnameable circle of Dantesque memory.

Dreamy world

Your eyes call my soul
I feel the scent of summer roses
lighted by the sun of those distant afternoons

thus I come back into the dreamy world
to contemplate the sacred image of Mankind
to listen to the melody of their thoughts
to receive the plan of angels

to purify my mind

to make my Heart spotless again.

Secret ink

I live with the essence of flowers
hidden in the smell
of a distant day
where the Sun
used to talk
with the secret Nature
while spirits
preserved
the memory of the lost humanity.

Obscure Lakes

I kissed the sacred images
of our now buried
civilization
then I turned my gaze
to the Infinity
I felt recites
of obscure prayers
caressing my senses
I felt myself like a gloomy angel
living in a turbid flash
of now ignored
anguishing images.

Then I came back to life
breathing new inner worlds.

If

Translucent images
impress in my mind
the desire to investigate
about past sensations
which hide
my innate gifts
dimmed by a sensorial anagram.

Codes

173

Golden tears
express the armony
of my Soul
in reflexes
which throw it
into the infinity
where the sky
crowns our hearts
with eternal codes of a true virtue.

Ivano Bersini

Forever

I decipher
the colours of Nature
by light
the enchanting muses' sound
touch on the darkness
touch on the storm
touch on the nullification
to remain immortal.

Devils

I read in images
the harmony of the stars
when human emotions
would talk to the stones
and to the invisible world
when the man
still would love the fairies
when life
would be a poetry
with bright colours
where death
would witness
The eternity of existence

And I resumed
walking
in a sigh of Infinity
where the fragments
of my soul
tried to reconcile
in an edifying
And necessary healing.

Then the devils of Mankind
dozed off
in hidden paths of peace.

Ivano Bersini

Musical phrases

My memory
bleeds visions
breathing here
is a hard suffering
where I get overwhelmed

like the echo
warp the musicality of thoughts
which change into sentences.

Really awaken

I perform
in the ecstasy of the cosmos
where fantastic visions
of an alternative life
seize my mind
and give it
an unknown and far
energy.

The stars now talk
about nocturnal eras
where the time is lost
into the beauty of eternity

Now, I have forgotten my life
Now, I'm really awaken.

Words

178

Our words
now shining
with golden sparks
where the stars light
admire
their eternal image:
Bright Word.

To the dead

Now the dead's blood
is a wonderful poetry
Light dissolved in the infinity.

A feeble desire
of freedom
make its way in our life
a golden energy
comes down in us
thus restoring
the forgotten meaning
Of our birth.

We will come back
to this world
as witnesses of peace
when our faces
will show
Our noble souls.

Ivano Bersini

In my image

I have forgotten now
earthly
cold days
and sunny days
I can hear celestial harmonies
where ancient souls
introduce us
to the eternal life
mirror of our
first unknown
now worshipped essence

In my mind
there is now
The Creation and Mankind.

Scent

I liked the scent of flowers
as the essence of primeval beings
witnesses of the Creation
pure emotion
which feeds the now dissolved stone
And the ever virtual time.

I am in a time tunnel
shining with the thoughts
of all the beings of the Universe

Here now
I bow down
and get extraordinary vibrations
like blessing answers
to the prayers
never forgotten by the Absolute
precondition
of any reason of life.

They are sounds and rays
which now can be felt
In the new state of our Soul.

Recitation

I recited
primeval ancient
fables
when the embryonic Mankind
espressed its evolving
vocation
in undetectable colours
almost voiceless sounds
which tried
to polish the darkness
for a growth to the present
which looked
like spring dew
When our mind dreams of the Infinity.

Endless peace

Now I am in a cornfield
lying sweetly
under the eternal Sun
absorbed in my Soul's ciclical rituals
which recall experienced events
but now I am breathing here
with my mind
while the cosmic pitch
which weeps stars
complies with
my desires of eternal peace.

Paradise

184

Paradise
is maybe when you realize
that the evil
is a personal intention
which is nothing but
a despicable excuse
submitted external to our will
to hide our fear
To meet ourselves.

When at night
riven by our inner shoutings
we will take our eyes
off our selfish sleep
to get identified in the Eternal Mirror
then maybe
overcoming our fears
we will discover to be eternal
And that death is our friend.

About you

Time is a show here
it is a musical vault
adorned with images
of our past life
is an intelligent hologram
which appeases
our pains
giving us the solution
to never carried out
personal quests.

I see your face again
like an icon of joy
painted by a legendary
and invaluable Light
Which takes me back home.

Ivano Bersini

About my past time

There is a secret path,
in my Heart
which lights
when I think of You
it is a matrix of a far love
crystallized in my Soul
which gives off
when dreams
meet the Sun
in my mind
in my Heart
while your voice
shows me the angels' path.

To see

Everyone is focused
to get conformed
to the current fashion
this is the hell
which pollutes and deteriorate
the human nature
everyone looks and observes
but nobody can see
nobody can detect
The misleading and alienating reality.

Ivano Bersini

Whenever

Whenever I approach
to the Promordial Source
I perceive that the death smell
changes into a scent of a new life
that's it, now I revive
In an inexpressible sensation of a fresh immortality.
The death doesn't exist
it' is a false myth
which humanity in vain has believed in.

Freedom in our contemporary society

It is an absurd
to have to buy
groceries
(transformed and denaturalized)
our planet belongs to everyone
they sell us common products

masses are turned into sheeps
To the benefit of few slies

Animals
must be left at peace
Not be killed and eaten

to be healthy
we must eat
only fruits offered by Nature
imbued of the Sun Light

Turning off the television
is the first act to reduce the costs
And to Freedom.

Ivano Bersini

The present (is)

A condition
of mental slavery
disguised
as free will
So much spread to the masses.
Freedom is a meaninglessness
we were born free
And we must be so forever.

Joy

We are solitary poets
in the Universe creativity
when the echo of occult presences
wakes up our sleeping senses
and they give us a start to a renovation
when the yellow colour of the sun
is like a teardrop of Love
which satisfies
the weeping of human beings
yearning joy.

Ivano Bersini

Human sintax

We will give our souls as a present
to the Perennial Light
while our Heart
will leave our mind
in the desert of our own phobias
and we will take
the true appearance
Of our divine essence.

The voice of the human sintax
will be
a vain
innocent
impossibile attempt
To describe the Absolute.

Dot

In the lonely gardens of the Soul
we try unconsciously
to gather our sensations
in a thrill of life,
in colourful and musical gleams
where their flashes
seems the creation
of a new form of communication.

In those moments
ecstasy welcomes the Soul
and we feel in communion
With the entire Existence.

We are like a dot
in the incommensurable beauty
Of Creation.

Ivano Bersini

Presenses

Words torn by the time
taste
men's memory
they are like sweets abandoned
the poverty of anonymous days
when distant children
confided their fears
to silent, melancholic
presenses
which polluted their feelings
Garbling their sacred perception.

Golden Merry-go-round

Golden merry-go-round
materialize now
from our dreams
an archaic music
kept in the Infinity
accompanies their motion
in a strange show
where the time
isn't believable any more.

Ivano Bersini

Now

I can hear
water and Light
singing inward

I can feel now
our life
associated with by now
reached Eternity.

Short circuit

Love
isn't a switch
but a linkage
which has always existed
among everyone
and emerges
when a glance
causes a short circuit
In our heart.

Index

Kephas 158
Angels' food 159
Home 160
Weird Beauty 161
Mummies 162
Musical Colours 163
Uplifting Melody 164
Flowers 165
The Underworld 166
Blear sun 167
Lonely devil 168
Dreamy world 169
Secret ink 170
Obscure Lakes 171
If 172
Codes 173
Forever 174
Devils 175
Musical phrases 176
Really awaken 177
Words 178
To the dead 179
In my image 180
Scent 181
Recitation 182
Endless peace 183
Paradise 184
About you 185
About my past time 186
To see 187
Whenever 188
Freedom in our contemporary society 189
The present (is) 190

Joy 191
Human sintax 192
Dot 193
Presenses 194
Golden Merry-go-round 195
Now 196
Short circuit 197

Biographical note

I was born in Brescia on the third of October, 1974.
"The Sunlight – Poetry in the heart of the night" published in 2008 is my first publication. In 2009, again thanks to Kimerik publishing house "Playing in the Garden – Virginia and Me" and "A new Journey" were published.
In collaboration with the Association Akkuria "Within ourselves, beyond the stars" and "Soul and Pleasure – Eros Poetry" (e-book) were published in 2011.
In 2013 I published "Memories" while in 2014 in collaboration with Editrice Totem publishing house I published "Eyes Heart Soul" which was enriched by the sketches of a young talented artist Evelyn. The prefaces to both the collections were written by Dr. Angela Giassi. "Between winter and paradise" is written by Fátima Rocío Peralta García. I also contributed to the creation of Akkuaria anthology.
I was granted merit awards and medals at the 2009/2011/2013 editions of The International Art and Literature Contest "La Finestra Eterea". I received the certificate of honour at Toscana contest of Poetry in 2010; diploma of honour at the 43th International Christian Poetry Contest in Taranto, 2011; certificate of honour at the 4th edition of Premio Fortunato Pasqualino on the 31 of March, 2012 in Butera. On the 25th of November, 2012, I won third prize for the nomination "expressionist poetry" at the National Prize of Leandro Polverini for Published Poetry participating with "Within ourselves, beyond the stars" and second prize for "The metaphysic poem of the 2013" for my "Memories" collection; I won first prize in the nomination Crepuscular Poetry for my "Eyes Heart Soul" on the 30th of November, 2014.

I won first prize at the poetry contest "The Sound of Words" organized by ZeroMoneta Records in Villa San Giovanni (RC) in May 2013.

I was awarded third prize ex aequo at the first edition of the Literary Award "Tribute to Emilio Greco" on the 18th of December, 2010 in Catania.

In 2014 I conceived and organized the 1st Edition of the International Literary Contest POESIE NEL PAGO DELLA MITRIA as a perfect way to rediscover the beauty inherent to every human heart by visiting a sacred place.

Poetry represents one of the ways of going deep into the very essence of ourselves while dwelling on everyday experience and also thanks to receiving daily feedback from other people.

My web references:
http://ivanobersini.wix.com/orapoesie
http://www.alienismo.it

Метаморфоз

На обложке: Вход в церковь Киеза Дей Морти (Церковь Умерших) в Велло ди Мароне на озере Изео (г. Брешия), Италия. Фотография Ивано Берсини, 2014 г.

Все стихотворения на испанский и португальский язык были переведены Фатимой Росио Перальта Гарсия.
Все стихотворения на английский язык были переведены Преподавателем Ферри Джузеппе.
Все стихотворения на русский язык были переведены Щукиной Я.В.

Эти новые стихотворения, обогащенные вкладом Джузеппе, Фатимы, Яны, которых благодарю от всего сердца, распространят мечты, стучась в сердца все большего количества людей, и привлекут поэтов, которые пока еще на знают, что таковыми являются, но которых я уже благодарю за тот бесценный вклад, который они внесут в мир.

Ничто не происходит случайно.

Ивано Берсини

Душам, которые еще в пути.

Эти ценные стихотворения затрагивают самые глубокие темы и самые сокровенные чувства человеческого существования. Они не только отражают внутренний мир человека, но являются невидимыми нитями, которые соединяют всех людей на земле в их наиболее глубоких размышлениях о Жизни, и дарят им тепло и чувство единения в этой огромной и бесконечной Вселенной.

Кифа

Линии времени
Мчались в ночи,
Рыбы онемели
На заброшенной лодке.

Заглох звук,
Застыло дыхание,
Во взгляде -
Горькая трава.

Сын Человека
"Ка́мо гряде́ши, Господи?"
Вода в ручейке
Застонала от боли.

Скала,
Меж ветров и сетей -
В ногах у Ягненка,
Рыбака в пустыне.

«...Ты - Симон, сын Ионин, ты наречешься Кифа (что
значит: Петр)»
(от Иоанна 1,42)

Фатима Росио Пералта Гарсия

*Кифа: на арамейском языке означает "скала",
"камень".

Пища ангелов

Сейчас я живу
Пищей ангелов;
Сияющий Мир
Возвращается к нам.

Вновь вижу Твой облик,
Оживляющий
Твой Дух.

Чувственная музыка
Успокаивает мое настоящее;
Как давняя карусель,
Эмоции моего детства
Кружат во мне,
Превращаясь в новые чувства
О тайном будущем.

Дом

Мы все хотим
Вернуться к Богу,
Мы все нуждаемся
вернуться к Богу,
Мы все
В поиске Вечного Взоха,
который бы наполнил наши Сердца
Радостью, Светом;
Наша Душа всегда ищет путь Домой.

Таинственная красота

Я восхищаюсь таинственной красотой мира
С безутешной перспективы,
Словно я соскользнул
В глубокий колодец,
И как захороненная Душа,
Стремлюсь вернуться к Солнцу.

Мумии

Чувствую далекое одиночество,
Терзающее
Мое сердце;
Это все слайды
Моей прошедшей жизни.

Солнце уже не освещает их;
Цвета уже не насыщены;
Они превратились
В молчаливые мумии,
Где застряли эмоции.

Музыкальные цвета

Ищу своего путеводителя
В этом мрачном пространстве,
Где я оказался
Прислушиваясь к своим сожалениям.
Она сможет меня узнать
И привести
К голубому цвету
Неба,
Украшенного солнцем;
Тогда я услышу звук
Голоса ангелов,
Благородных правонарушителей,
Изгнанных коварными повседневными мыслями.

Только тогда
Я увижу, как цветы
Освежат мой взор
Новыми музыкальными цветами.

Ivano Bersini

Светлая мелодия

Я слышу тихое пение Душ,
Ждущих слияния
В светлой мелодии,
Рождающей восхитительную и
Необходимую фразировку,
Которая со знанием и грацией
Направит мысли тех, кто растерян.

Мое сознание возвращается
Из долгого путешествия,
Где эмоции украшают
Окружающий мир;
Ты мой путеводитель,
Сейчас, когда биение моего Сердца —
Твой верный ученик.

Я последую за Твоей Душой
И снова увижу лучи солнца.

Цветы

Я слышу пение цветов,
Сейчас я вижу Свет,
Здесь воздух -
Прозрачный кристалл,
В котором музыка окрашивается
Волшебными вибрациями.

Границы – для людей;
Вселенная проявляется
Свободно, чтобы мы следовали ее примеру,
А наша скрытая креативность
Возродилась в Бесконечности.
Отражение наших действий
Изменит мир.

Ад

Я спустился в ад,
Где моя душа обожглась,
Цветами жестокой
Радуги,
Там, пропали мои мысли,
Там, я превратился в Свирепого
Безудержного зверя,
Там, я плакал,
Слыша одиночество
Моей внутренней жестокости.

Затуманенное солнце

Тогда ангелы
Пришли мне на помощь,
В новом, необходимом возмездии,
В побеге от необузданной Человеческой грубости.

Вот тлеющая надгробная плитка
На старом кладбище,
Напоминающая о моих невезениях,
В день, когда затуманено солнце,
Когда вуаль спектральной Двусмысленности
Декламировала смертные стихи.

В тот момент
Меня не было,
Я искал секретные молитвы
Спасительного спокойствия.

Ivano Bersini

Одинокий демон

Возможно, я снова превращусь
В одинокого демона,
Когда сумерки проявятся
Беспорочным чувством
Далекой жизни.

Так, моя Душа
Станет лишь блуждающим призраком
В непристойном кругу
Дантовской памяти.

Сюрреальный мир

Твои глаза зовут мою Душу -
Я чувствую аромат летних роз,
Освященных светом тех давних дней;

И так, я возвращаюсь снова
В тот сюрреальный мир,
Чтобы наблюдать
За Священным ликом
Человечества,
Слушать мелодию его мыслей,
Познать замысел ангелов,
Обновить свое сознание
И очистить свое Сердце.

Ivano Bersini

Тайное чернило

Я живу эссенцией цветов,
Спрятанной в запахе
Того давнего дня,
Когда Солнце
Разговаривало
С тайной Природой,
А духи оберегали
Память потерянного
Человечества.

Темные озера

Я поцеловал священные
Образы нашей захороненной
Цивилизации;
Обратил взор в
Бесконечность;
Я услышал чтение печальных Молитв,
Ублажающих мои чувства;
Я почувствовал себя
Темным ангелом,
Живущим в смутном озарении
Тревожных образов,
Игнорируемых настоящим.

После, я вернулся к жизни,
Дыша новым внутренним миром.

Ivano Bersini

Если

Прозрачные образы
Отпечатывают в моем сознании
Желание изучить
Давние ощущения,
Скрывающие в себе
Мои врожденные таланты,
Затуманенные анаграммой восприятия.

Коды

Золотые слезы
Отображают гармонию
Моей Души
В отражении,
Которое проецирует ее
В Бссконсчность,
Где небо
Встречает наши сердца
Вечными кодами подлинной
Добродетели.

Ivano Bersini

Навсегда

Я расшифровываю
Цвета Природы;
Вместе со Светом
Звук пленительных муз
Слегка касается темноты,
Слегка касается бури,
Слегка касается Аннулирования
И остается бессмертным.

Демоны

Я расшифровываю
Цвета Природы;
Вместе со Светом
Звук пленительных муз
Слегка касается темноты,
Слегка касается бури,
Слегка касается Аннулирования
И остается бессмертным.

Ivano Bersini

Музыкальные фразы

Моя память кровоточит видениями,
Очень больно дышать здесь,
Где я исчезаю.

Как эхо,
Деформируется
Музыкальность мысли,
Превращающейся во фразы.

Действительно проснулся

Я выступаю
В экстазе Космоса,
Где фантастические видения
Альтернативной жизни
Захватывают мой ум
И дарят ему
Неизвестную и далекую энергию.

Звезды сейчас говорят
О ночных эрах,
Где время растворяется
В красоте вечности.

Сейчас,
Я забыл о своей жизни сейчас,
Я действительно проснулся.

Ivano Bersini

Слова

Сейчас
Наши слова сверкают,
Золотистыми искрами,
А Свет звезд
Любуется
их вечным образом:
Светлое Слово.

Мертвым

Сейчас кровь мертвых
Прекрасная поэзия,
Свет, рассеянный в Бесконечности.

Робкое желание
Свободы
Пробирается в нашу жизнь;
Золотая энергия
Нас мягко пронзает,
Возвращая нам
Забытый смысл
Нашего рождения.

Мы вернемся
В этот мир,
Как свидетели мира,
Когда наши лица
Будут отражать
Наши благородные души.

Ivano Bersini

По моему образу

Сейчас я уже забыл
О земных холодных днях
И о Солнечных днях;
Я слышу небесные мелодии,
А древние души
Вводят нас в вечную жизнь,
Зеркало нашей сущности,
Доныне неизвестной,
Сейчас обожествленной.

В моем сознании —
Вселенная и
Человечество.

Аромат

Я наслаждался ароматом цветов –
Сущностью Первоздания;
Свидетели Творения,
Чистое чувство,
Питающее уже растопленный камень
И вечно виртуальное время.

Я в туннеле времени,
Сияющcм мыслями
Всех существ Вселенной.

Сейчас и здесь
Я преклоняюсь
И принимаю необычайные вибрации,
Как ответ благословения
На молитвы,
Не забытые Абсолютным
Началом
Каждого жизненного мотива.

Это звуки и лучи,
Которые можно прочувствовать
В новом состоянии нашей Души.

Чтение

Я читал примитивные древние Сказки,
Когда эмбрионное Человечество
Выражало свое предназначение
Неуловимыми цветами,
Почти беззвучными звуками,
Которые старались
Окрасить темноту
На пути к сегодняшнему,
Украшенному весенней росой,
Когда сознание мечтало о Бесконечности.

Вечное спокойствие

Сейчас я на пшеничном поле,
Сладко лежу
Под Вечным солнцем,
Погруженный в цикличные Ритуалы Души,
Возвращающиеся к Прошедшим событиям;
Но сейчас,
Я здесь
Дышу сознанием,
Вверенным Бессмертности,
В то время как темнота Космоса,
Плачущая звездами,
Отвечает моим молитвам
О вечном спокойствии.

Рай

Рай,
Наверное, осознание того,
Что зло —
Это внутреннее намерение,
И ничто иное,
Как низкий предлог,
Представленный как не зависящий от нашей воли,
С целью скрыть страх
Перед встречей с самим собой.

Когда ночью,
Искалеченной нашими криками,
Мы откроем глаза
Во время нашего эгоистичного сна
И узнаем себя в Зеркале Вечности,
Тогда, возможно,
Одолев страх, мы поймем,
Что мы вечны,
А смерть — наш друг.

О тебе

Здесь время – это спектакль,
Это музыкальный свод,
Окрашенный образами из прошлого,
Это искусная голограмма,
Искупающая наши грехи и Дарящая ответы
На наши внутренние поиски,
Так и не доведенные до конца.

Вижу снова Твой лик,
Как икону радости,
Написанную легендарным и
Бесценным Светом,
Который возвращает меня домой.

Ivano Bersini

О прошлом

Есть секретный путь,
В моем Сердце,
Который сияет,
При мысли о Тебе;
Это матрица далекой Любви,
Кристаллизованная в моей Душе;
Она оживает,
Когда мечта
Встречается с Солнцем
В моем сознании,
В моем Сердце,
В то время как
Твой голос
Указывает мне путь ангелов.

Видеть

Все стараются соответствовать
Моде сегодняшнего дня;
Это ад,
Загрязняющий и разлагающий
Человеческую сущность;
Все смотрят и наблюдают,
Но никто не видит,
Никто не обнаруживает
Обманчивую и отталкивающую реальность.

Ivano Bersini

Каждый раз

Каждый раз, когда я приближаюсь
К первозданному Источнику,
Я чувствую запах смерти,
Растворяющийся в аромате новой Жизни,
Вот, сейчас я воскресаю,
С невыразимым чувством
Свежей вечности.
Не существует смерти,
Это ложный миф,
В который Человечество
Бессмысленно поверило.

Свобода в современном обществе

Абсурд, что мы вынуждены покупать
Продукты питания (трансформированные и
неестественные),
Планета — всех:
Нам продают принадлежащее всем.

Массы превращены в овец,
Ради выгоды хитрых меньшинств.

Животные
Должны быть оставлены в покое,
А не убиты и съедены.

Чтобы быть здоровыми,
Мы должны питаться
Только фруктами Природы,
Напитанными лучами Солнца.

Выключить телевизор —
Это первый шаг к уменьшению затрат
И Свободе.

Ivano Bersini

Сегодняшний День

242

Это естественное Состояние
Умственного рабства,
Под маской свободной воли,
Представленное массам.
Свобода – это бессмыслица;
Мы были рождены Свободными,
И всегда должны таковыми оставаться.

Радость

Мы одинокие поэты
В креативности Вселенной,
Когда эхо скрытого Существования
Пробуждает наши
Дремлющие чувства
И указывает нам путь к Возрождению;
Когда желтый цвет солнца –
Слеза Любви,
Ублажающая плачь людей,
Нуждающихся в радости.

Ivano Bersini

Человеческий синтаксис

Подарим Душу
Вечному свету,
В то время, как Сердце
Покинет сознание
В пустыне своих страхов,
И мы примем настоящий
Образ нашей божественной сущности.

Голос человеческого синтаксиса
Останется
Бесполезной
Невинной попыткой
Описать Абсолютность.

Частичка

В далеких садах своей Души
Мы неосознанно стремимся
Собрать все ощущения
В трепет жизни,
В цветное и музыкальное сверкание,
Чтобы этот блеск предал Существованию
Новую форму
Общения.

В эти моменты
Восхищение встречается с Душой,
И мы чувствуем единение
Со всем Существованием.

Мы —
только частичка
В несравненной красоте Мироздания.

Ivano Bersini

"Присутствие"

Слова, истерзанные временем,
Испытывают память людей,
Они – заброшенные сладости
В бедности давних анонимных дней,
Когда дети
Поведывали свои страхи
Тихим, меланхоличным «присутствиям»,
Которые лишь засоряли их чувства,
Искажая их священное восприятие.

Золотая карусель

247

Золотая карусель
Возрождается из наших снов;
Устаревшая музыка,
Хранящаяся в Бесконечности,
Сопровождает ее
В этом необычном Представлении,
Где время уже не достойно внимания.

Сейчас

Сейчас я слышу пение
Воды и Света
В нас

Сейчас я чувствую
Нашу жизнь
Неотделимо от Вечности,
Наконец достигнутой.

Короткое замыкание

249

Любовь,
Это не коммутатор,
А единение,
Существовавшее всегда,
Между всеми;
Оно проявляется,
Когда взгляд
Посылает короткое замыкание
В наше Сердце.

Оглавление

Кифа 209
Пища ангелов 211
Дом 212
Таинственная красота 213
Мумии 214
Музыкальные цвета 215
Светлая мелодия 216
Цветы 217
Ад 218
Затуманенное солнце 219
Одинокий демон 220
Сюрреальный мир 221
Тайное чернило 222
Темные озера 223
Если 224
Коды 225
Навсегда 226
Демоны 227
Музыкальные фразы 228
Действительно проснулся 229
Слова 230
Мертвым 231
По моему образу 232
Аромат 233
Чтение 234
Вечное спокойствие 235
Рай 236
О тебе 237
О прошлом 238
Видеть 239
Каждый раз 240
Свобода в современном обществе 241

Сегодняшний день 242
Радость 243
Человеческий синтаксис 244
Частичка 245
"Присутствие" 246
Золотая карусель 247
Сейчас 248
Короткое замыкание 249

Краткая биография

Я родился 3 октября 1974 г. в городе Брешии. "Солнечный свет – Поэзия глубокой ночью", 2008 г. – моя первая публикация. В 2009 г. снова благодаря издательству Kimeric были опубликованы сборники «Сад игр – Я и Виржиния» и «Новое путешествие».

Совместно с Ассоциацией Akkuraia в 2011 г. я опубликовал «Внутри нас, за звездами» и «Душа и Наслаждение – Поэзия Эроса» (e-book).

В 2013 г. я самостоятельно опубликовал "Воспоминания", а совместно с издательством Editrice Totem в июле 2014 г. «Глаза сердце душа», которая была обогащена рисунками Evelyn, молодой талантливой художницы. В обоих сборниках введение написано профессором Ангелой Джиасси.

«Зимой в раю» написала Фатима Росио Пералта Гарсиа. Akkuaria является одной из антологий, в написании которой я принял участие.

В 2009/2011/2013 гг. я был награжден почетной грамотой и медалью на Конкурсе Интернациональной Поэзии, Прозы и Изобразительного искусства "Вечное окно"; Получил почетную грамоту на конкурсе Тоскана в Поэзии в 2010 г.; почетную грамоту на 43-ем Интернациональном Конкурсе Религиозной Поэзии в Таранто в 2011 г.; почетную грамоту 4-го конкурса за Премию Фортунато Паскуалино 31.03.2012 г. в Бутере. В 25.11.2012 г. я занял третье место на конкурсе поэзии экспрессионизма, получив Национальную Премию Леандра Полверини за Изданную Поэзию. Я принимал участие со сборником «Внутри нас, за звездами». В 2013 г. на этом же конкурсе я занял второе место благодаря метафизическому сборнику «Воспоминания», а также первое место в номинации «Сумеречная поэзия» благодаря «Глаза сердце душа» 30.11.2014 г.

В мае 2013 г. я занял первое место на конкурсе поэзии "Звук Слов", проведенном Зеро Монета Рекордс Виллы Св. Джованни (Калабрия);

Благодаря сборнику "Новое Путешествие" я разделил третье место на впервые проведенном в 2010 г. конкурсе за литературную премию "Памяти Эмилио Греко" 18.10.2010 г. в Катании.

В 2014 г. я организовал и провел первый Интернациональный Литературный Конкурс POESIE NEL PAGO DELLA MITRIA, целью которого является раскрыть красоту, хранящуюся в сердце каждого, благодаря посещению святых мест.

Поэзия является одной из форм и путей, позволяющих найти себя через размышления о повседневной жизни и анализ отзывов от читателей.

Мои контакты:
* http://ivanobersini.wix.com/orapoesie
* http://www.alienismo.it

Finito di stampare nel mese di Aprile 2015
per conto di Youcanprint *Self-Publishing*

www.ingramcontent.com/pod-product-compliance
Lightning Source LLC
LaVergne TN
LVHW041502170726